DU RÉGIME

PÉNITENTIAIRE

EMPRISONNEMENT CELLULAIRE ET PATRONAGE
DES LIBÉRÉS ADULTES

PAR

M. L'ABBÉ CHANTERET

DOCTEUR EN DROIT

PARIS

LIBRAIRIE J. B. MULOT

126, RUE SAINT-JACQUES, 126

1876

DU RÉGIME
PÉNITENTIAIRE

EMPRISONNEMENT CELLULAIRE ET PATRONAGE
DES LIBÉRÉS ADULTES

PAR

M. L'ABBÉ CHANTERET

DOCTEUR EN DROIT

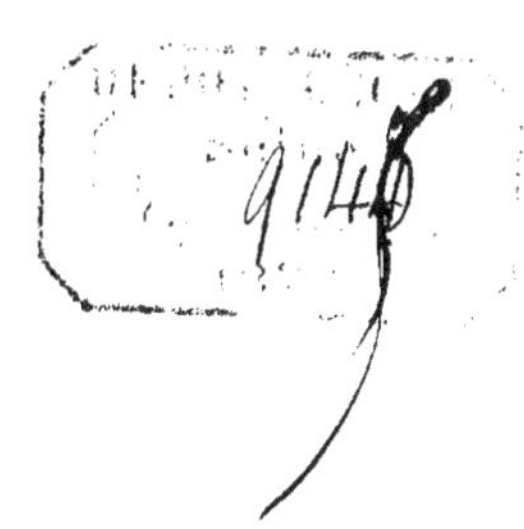

PARIS

LIBRAIRIE J. B. MULOT

126, RUE SAINT-JACQUES, 126

1876

I

DE L'EMPRISONNEMENT CELLULAIRE

Appelé à exercer les fonctions d'aumônier, pendant trois années, à la prison de la Santé, depuis son ouverture en septembre 1867 jusqu'à la fin de 1870, j'ai recueilli quelques observations sur les réformes qu'il me paraîtrait utile d'introduire dans notre système pénitentiaire, pour rendre les détenus meilleurs et prévenir les récidives. Il ne s'agit pas ici d'une étude générale sur la question pénitentiaire. Mon dessein est de présenter au public le résultat de mes études sur le mode d'emprisonnement qui me paraît le plus moral, et sur la nécessité de créer des patronages pour secourir les libérés, au moment de leur rentrée dans la société.

Il est vrai de dire qu'ordinairement le détenu est

loin de sortir de prison meilleur qu'il n'y était en-
tré ; et ainsi, la peine d'emprisonnement est afflic-
tive, sans être moralisatrice. Autrefois on cherchait
à éloigner du crime par l'atrocité des supplices in-
fligés au coupable. Mais les cruautés les plus raffi-
nées n'avaient pas effrayé les malfaiteurs, au point
de les faire disparaître de la société ; parce qu'il y
a dans la nature humaine une pente au mal, con-
tre laquelle le meilleur obstacle est le redressement
de la volonté. Aussi la peine de l'emprisonnement
a-t-elle été un progrès sur la torture ; et elle doit
être maintenue dans nos institutions criminelles,
comme la plus morale et la plus propre, si elle est
bien appliquée, à ramener au bien celui qui s'est
mal engagé dans la vie, et en a mal compris le but
et les devoirs.

On entend souvent dire : « Qui a volé volera. »
Mais, par cette formule absolue, on veut plutôt
exprimer la difficulté que l'impossibilité de l'amen-
dement. Il est vrai que les peines extrêmes, de né-
cessité sociale, ne sont qu'exemplaires, puisqu'elles
privent le coupable de liberté et de vie ; mais, pour
la peine d'emprisonnement, qui fait seule le sujet
de cette étude, si la société l'inflige, c'est avec la
conscience qu'elle peut servir à corriger le coupa-
ble. La société ne fait que suspendre l'exercice de la
liberté du détenu. Le prisonnier n'est pas cet animal
sauvage, tigre ou hyène, que son instinct pousse

fatalement à nuire. On ne punit pas la bête féroce.
On la tue ou on l'enferme, sachant bien d'avance
qu'elle ne pourrait reprendre la liberté qu'avec ses
mauvais instincts.

Il en est tout autrement de l'homme. Pour avoir
été coupable, il ne cesse pas d'être homme, c'est-à-
dire libre de se tourner vers le bien. Aussi, à moins
d'une nécessité sociale, variable avec les temps et
les mœurs, le législateur n'édicte pas des peines
qui suppriment, avec la liberté du mal, la liberté
du bien. La société ne donne pas la vie à l'indi-
vidu. Le champ d'exercice de la liberté humaine
est déterminé par Dieu; et les gouvernements doi-
vent tout mettre en œuvre pour que chaque indi-
vidu fournisse sa carrière, selon le dessein du créa-
teur. A mesure que les législateurs se pénètrent
davantage de leurs devoirs et de leur responsabi-
lité, à mesure que les progrès de la civilisation s'a-
vancent d'un pas plus rapide, la peine de mort
devient de plus en plus rare; et, elle n'est mainte-
nue avec justice qu'autant que la vie de tel indi-
vidu est incompatible avec la vie de la commu-
nauté.

A part ces exemples, jugés nécessaires, la société
n'inflige au coupable que des peines temporaires
qui servent à la fois d'exemple à tous et d'amende-
ment au délinquant. Tel est le caractère de la peine
d'emprisonnement. La société, en l'infligeant, a

un but moral. Pour le maintien de l'ordre général, elle punit un abus de la liberté, et elle espère que la punition amènera la réflexion et l'amendement du coupable. Si la prison ne donne pas ce résultat, elle ne répond pas aux desseins de la société.

Il faut avouer que nous sommes encore loin du but, malgré tant d'études déjà faites sur la question pénitentiaire. Les hommes les plus éminents s'en sont occupés. Bérenger, de Tocqueville, Gustave de Beaumont, Charles Lucas, Moreau Christophe, Aylies, Maxime du Camp ont analysé les divers systèmes pénitentiaires. Les uns ont comparé les systèmes anglais et américains à ceux qui sont en usage chez nous; les autres, par leurs fonctions ou à l'aide de renseignements multiples, ont pu connaître les vices de notre système. Tous se sont accordés à dire que la statistique des récidives prouve invinciblement que la peine de l'emprisonnement n'a pas le résultat moral qui serait à désirer.

« Il est déplorable, disait M. Jules Simon, dans la séance du Corps législatif du 22 mai 1870, qu'on enferme un homme, qu'on le place ainsi sous la main de l'État, et qu'après plusieurs années on le rende plus perverti qu'il n'était en entrant dans la maison pénitentiaire. »

Dans l'étude du régime pénitentiaire, le premier point à décider est la détermination du lieu où se subira la peine. Malgré une expérience déjà longue et la comparaison des divers systèmes, on n'est pas encore arrivé à des conclusions précises et universellement acceptées. Il semblerait qu'une observation attentive aurait dû amener des résolutions décisives. Cependant on hésite encore, et il n'y a pas d'unité dans notre système pénitentiaire.

Les conclusions qui vont suivre ne résultent que de mes observations à la prison de la Santé où, à quelques exceptions près, la durée de l'emprisonnement ne dépasse pas une année. Mais, vu l'état physique des détenus, au moment de leur libération, soit qu'ils eussent fait leur temps en cellule, soit qu'ils l'eussent passé en commun, dans les quartiers divisionnaires qui existent à la Santé, concurremment avec les cellules, je n'hésiterais pas à poser les mêmes conclusions pour tout emprisonnement cellulaire dont la durée ne dépasserait pas un petit nombre d'années.

Les limites de mon sujet ainsi déterminées, il n'y a, à mes yeux, d'amendement possible pour le détenu qu'avec le système cellulaire de jour et de nuit. Beaucoup de personnes, qui n'ont pas vu les choses de près, en entendant ce mot de cellule, crient à la barbarie. Il y a là exagération et erreur. Loin d'être une peine barbare, la cellule est un emprisonnement rationnel, où le détenu qui a conservé des sentiments honnêtes ne se gâtera

pas, et où le détenu déjà corrompu pourra s'a-
mender.

Je vais laisser la parole aux meilleurs juges en
cette matière. Quels sont-ils, sinon les parents des
détenus, le directeur de la prison, les détenus eux-
mêmes, qui ne manquent pas de sincérité lors-
qu'ils sentent une main amie qui veut les relever et
non les opprimer?

Les parents, qui venaient me trouver, redou-
taient par dessus tout le contact avec des gens vi-
cieux. Mères, épouses, frères, sœurs, commençaient
d'ordinaire par excuser la faute du détenu, et finis-
saient toujours par ces paroles : « Pourvu qu'il ne
fasse pas de mauvaises connaissances ! »

Que fait le directeur, dans son désir du bien des
détenus? Le directeur de la prison de la Santé a,
sous sa garde, environ mille détenus, dont cinq
cents en cellule, et cinq cents dans les quartiers
communs. Or ceux qu'il désigne pour les cellules,
ce sont d'abord les jeunes gens et les non-récidivis-
tes. Le directeur est un homme d'expérience. Il
craindrait qu'au quartier commun les nouveaux
détenus ne continuassent l'apprentissage du crime,
et ne s'autorisassent du passé de leurs camarades
pour s'engager plus avant dans la mauvaise voie.
Il y a une autre catégorie de détenus, désignés d'a-
vance pour l'emprisonnement cellulaire, ce sont
ceux qui ont été condamnés pour affaires de mœurs.

L'idée seule qui s'attache à cette condamnation, d'ailleurs très-fréquente, suffit à faire comprendre à tout homme judicieux la nécessité du système cellulaire pour l'amendement des détenus.

Enfin il y a des prisonniers qui demandent eux-mêmes à passer du quartier commun en cellule, pour éviter des rapports constants avec des gens profondément vicieux. Le nombre n'en est pas très-grand, mais il s'en trouve. Malheureusement la masse des détenus a croupi dans le vice et n'a plus qu'un sens moral très-affaibli. Aussi comment espérer une amélioration dans un tel milieu?

On entend dire souvent, au sujet du système cellulaire : « Mais, c'est affreux que cet isolement! c'est à devenir fou et à se suicider! » D'abord les cas de folie et de suicide ne sont pas plus communs parmi les détenus cellulaires que parmi les gens du dehors, comme le prouvent les statistiques. Il faut ajouter que rien n'est moins exact que cette expression d'isolement appliqué, d'une manière absolue, au système cellulaire. J'ai vu nombre de détenus qui auraient souhaité un peu plus d'isolement dans leur cellule, tant ils étaient excités, à chaque instant, au travail, par le contre-maître des travaux.

Pour quiconque a administré une prison cellulaire ou a étudié de près le détail de la vie du prisonnier en cellule, l'expression d'isolement ne donne pas l'idée vraie de ce régime de peine. L'isolement existe pour le détenu qui est au cachot par mesure disciplinaire, pour infraction aux règlements de la maison, tapage, injures, menaces, rebellions, etc. Mais cette peine, infligée par le directeur, qui a la responsabilité du bon ordre de sa maison, n'est jamais que d'une durée relativement courte. Le cachot est une cellule ordinaire aussi saine que toutes les autres. On transforme une cellule ordinaire en cachot en fermant le volet, pour priver le coupable de la joie de la lumière, en supprimant les douceurs du lit, complétement ou en partie, et en interrompant tout travail et toute lecture. Voilà, en effet, l'isolement; mais, pour quelques jours seulement, et pour donner une sanction nécessaire au règlement de la maison.

Si le système cellulaire était le cachot, je le repousserais avec énergie, car il serait abrutissant et immoral. Quelle amélioration pourrait-on attendre d'un malfaiteur livré à lui-même pendant des mois entiers, au sein de l'obscurité et dans l'oisiveté et l'isolement? Le système cellulaire n'a pas ce caractère, et, lorsque le travail est en activité, il y a, dans toute la maison, un va-et-vient de cellule en cellule qui ne ressemble en rien à l'isolement.

Le travail vient-il à chômer? Le détenu a un compagnon de moins, et cette privation est très-sensible pour celui qui a le goût du travail et qui désire s'amasser un pécule de sortie. Sans doute le détenu inoccupé peut s'entretenir avec l'aumônier ou le directeur de la prison. Mais la journée, sans travail, pourra encore paraître bien longue. La lecture vient-elle se substituer au travail ? Le livre, compagnon toujours agréable pour l'homme intelligent qui a quelque culture d'esprit, ne laissera pas le détenu dans la solitude.

Mais il ne faut pas se faire illusion. La lecture n'est pas un charme pour tous nos détenus. D'abord, il y en a qui ne savent pas lire. Aussi il y aurait la plus grande utilité à établir, dans chaque prison, des écoles. Le détenu ne saurait mieux employer le temps de sa peine qu'à apprendre à lire et à écrire. Pour le détenu cellulaire, qui n'a point de travail et qui ne sait pas lire, il est privé de deux compagnons bien précieux dans la vie. Un autre détenu, presque aussi à plaindre, est celui qui connaît les lettres de l'alphabet, qui sait même signer son nom, mais qui manque de cette culture d'esprit nécessaire pour prendre goût à la lecture et chercher à s'instruire en lisant. Le livre reste fermé sur sa table et ne lui apporte aucune consolation.

Voici mes observations dans le quartier des détenus en commun. Sur les cinq cents qui s'y trouvent réunis, il y en a, de temps à autre, jusqu'à

cent ou cent cinquante qui sont sans travail. On
tâche d'occuper tout le monde. Mais il y a des vieil-
lards, des impotents, des individus qui n'ont qu'une
peine de quinze jours à subir, et qui, n'exerçant
aucun métier au dehors, auraient besoin, pour se
livrer utilement aux travaux de la maison, d'un ap-
prentissage qui dépasserait le temps de la peine.
Bref, sur les cent ou cent cinquante que je prends
comme exemple, combien y en a-t-il qui se rendent
aux salles de lecture qui leur sont destinées? Dix
ou quinze. Tous les autres se traînent dans le préau
et forment des groupes où les conversations sont
très-mauvaises. Telles sont les ressources intellec-
tuelles des prisonniers, que j'ai observés. Quelques-
uns ne savent pas lire, et un grand nombre n'a pas
l'esprit assez cultivé pour trouver dans la lecture
un moyen de s'instruire ou de se récréer.

Malgré cela, me dit-on, vous demandez l'empri-
sonnement cellulaire? ne faut-il pas attendre que
l'instruction soit universellement répandue, et que
tout détenu puisse avoir pour compagnon le travail
ou le livre? Je maintiens que le système cellulaire
est le seul moral, le seul qui permette d'agir avec
efficacité sur le détenu. Mais je signalerai les per-
fectionnements à introduire dans ce système, pour
le bien de tous les détenus cellulaires. Toujours est-
il que les parloirs, les rapports avec les fonction-
naires de la maison, les promenades dans les

préaux, les allées et venues constantes des distri-
buteurs de vivres ou de travail ne laissent pas les
détenus cellulaires dans un isolement funeste à
leur santé. Plusieurs (et c'est une ignominie) re-
viennent périodiquement dans nos prisons y refaire
leur santé, chercher un abri contre la mauvaise
saison, et recevoir gratuitement nourriture et vête-
ments. Combien en ai-je vu arriver chétifs et ma-
lingres, et, après quelques semaines de prison,
sortir frais et dispos ! Le bien-être matériel de nos
prisons va très-loin. Il est supérieur à celui dont
beaucoup de détenus jouissent au dehors. Combien
ne retrouvent pas chez eux une chambre à parquet
ciré et chauffée en hiver par un calorifère, comme
la cellule qu'ils ont quittée ; des bains toujours
prêts, des vêtements chauds ; une nourriture fru-
gale, mais toujours assurée? On peut ajouter qu'il
n'est que trop facile d'améliorer, par la cantine, le
régime alimentaire.

Il n'y a pas lieu de s'apitoyer sur le sort physi-
que des prisonniers. Je me souviens d'un détenu
de l'hiver de 1869, qui, à l'expiration de sa peine,
suppliait le directeur de la prison de la Santé de
le garder encore dans sa maison jusqu'aux beaux
jours du printemps.

Mais ce qui laisse à désirer, c'est l'amélioration
morale du prisonnier. Pour y arriver, loin de sup-
primer la cellule, il faudrait qu'elle fût plus géné-

ralement gardée par les détenus. Dans les prisons cellulaires, il y a un nombre assez considérable de détenus employés aux nettoyages, à la distribution du travail et des vivres, qui passent la journée hors de leur cellule et en contact entre eux. Il faudrait que le bienfait de la cellule s'étendît à tous, et qu'il ne pût se former dans la prison aucune camaraderie.

En supposant tous les détenus en cellule, comment les améliorer? Le travail est bon, mais il ne suffit pas à redresser les mauvaises inclinations. La lecture peut être excellente, mais elle n'a pas toujours la vertu de ramener au bien. Que faire de plus pour ces ouvriers et ces lecteurs? Que faire pour ceux qui sont privés de ce double avantage? Ce que l'on fait à l'égard d'enfants qu'on veut instruire, ou de malades qu'on veut guérir : Appeler auprès des détenus toutes les personnes qui sont capables de leur être utiles.

Jusqu'ici le prisonnier cellulaire a été tenu à l'écart des gens de bien, qui auraient pu s'intéresser à son sort et lui inspirer les sentiments du devoir. Il faut, au contraire, ouvrir la cellule à ces bienfaiteurs, et leur donner toute facilité pour accomplir le bien. Il n'y aurait pas là la désorganisation du travail que l'on craint. D'ailleurs, si l'on veut résolûment entreprendre d'amender le détenu, si on considère avant tout la question humanitaire

et sociale, on doit faire céder toute considération
d'argent devant cette idée : qu'il s'agit d'un homme
malade qu'on se propose de rendre bien portant à
la société. Si on n'envisage le détenu que comme
une matière exploitable, qui rapportera d'autant
plus de bénéfices qu'elle sera plus abondante, toute
idée de réforme morale disparaît. On peut alors
vanter les prisons, où le travail se fait en commun,
parce qu'il est évidemment plus facile d'y créer
des ateliers où la main-d'œuvre rendra davantage.
Mais tel n'est pas le but de la prison. Oui le tra-
vail est utile au détenu, mais il ne suffit pas pour
sa transformation morale.

Il faut donc que l'administration des prisons ait
tout prévu d'avance, pour laisser le champ libre
au grand travail de réforme morale ; qu'un temps
suffisant soit accordé, chaque jour, à ceux qui ne
savent ni lire ni écrire, pour qu'ils puissent, pen-
dant la durée de leur peine, acquérir cette instruc-
tion première ; qu'il soit loisible à tous de suspen-
dre leurs travaux pour entendre la parole d'un
homme de bien, qui viendra leur apprendre que la
société ne répudie aucun de ses membres résolus
à mener, dans son sein, une vie honnête et labo-
rieuse.

Si M. le Ministre de l'intérieur, de qui relèvent
les prisons, établissait ce principe de réforme, il
verrait aussitôt des associations charitables se for-

mer pour secourir les détenus, et des hommes
généreux offrir une portion de leur temps pour ai-
der à leur régénération morale. Des membres de la
magistrature et du barreau, des gens du monde,
des membres du corps enseignant, des hommes de
bonne volonté de toutes les classes et de tous les
rangs s'offriraient, à coup sûr, pour accomplir une
œuvre éminemment sociale. Dès lors, le système
cellulaire n'aurait même plus l'apparence de l'iso-
lement, et offrirait le double avantage de préserver
le détenu des mauvaises relations et de lui en créer
de bonnes.

Il ne faut pas supposer qu'on ouvre à tout ve-
vant la porte d'une prison cellulaire, ce serait in-
troduire le désordre dans la maison, et permettre à
de mauvais sujets d'y venir nouer des intrigues in-
fernales et exciter les détenus à la révolte. La res-
ponsabilité du directeur serait illusoire. Il y a là
une difficulté à résoudre, mais ce n'est pas une
raison pour ne rien faire. La condition essentielle
à remplir, pour visiter les prisonniers, serait d'y
être autorisé par l'autorité compétente. On exigerait
une carte personnelle, délivrée par les autorités
supérieures de l'administration pénitentiaire, ou
par le directeur et l'aumônier.

La personne, ainsi dûment autorisée, pourrait
visiter les détenus au parloir ou dans leur cellule,
suivant les cas, à toute heure de la journée. Déter-

miner d'avance et parcimonieusement l'heure des
visites, c'est mettre obstacle au bien qu'on a en
vue. Le magistrat, le professeur, le commerçant,
tous ceux qui sont enchaînés aux devoirs de leur
profession, seraient très-souvent empêchés de met-
tre à profit l'heure réglementaire. Quant au détenu
cellulaire, il est toujours prêt à recevoir la visite
des personnes qui s'intéressent à lui. Souvent,
après de sages avis, il se remettra au travail avec
plus de courage et achèvera sa tâche aussitôt que
si elle n'avait pas été interrompue.

Comme le directeur est responsable de l'ordre de
la maison, et qu'il lui est nécessaire de savoir ce
qui s'y passe, chaque visiteur, en déposant sa carte
au greffe, pour la reprendre à la sortie, signerait
un registre destiné au contrôle du directeur. Si,
contre toute attente, un visiteur venait à manquer
aux devoirs que sa mission lui impose, sa carte lui
serait retirée par le directeur, avec avis motivé sur
le registre d'inscription.

Pour donner à l'œuvre des prisons l'extension
qu'elle comporte, on établirait des conférences
comme il en existe au dehors. Rien ne serait plus
facile que d'avoir, dans chaque prison, des salles à
quarante ou cinquante cellules, construites en am-
phithéâtre, comme il en existe une à la prison de
la Santé servant au culte protestant. Les auditeurs
s'y succéderaient, suivant leurs aptitudes, et les

sujets les plus divers pourraient être traités, selon la diversité des talents de ceux qui offriraient leur concours. L'enseignement, sous toutes ses formes, aurait toujours pour but d'encourager au travail, de montrer les bons résultats de la vie d'ordre et d'épargne, et enfin de relever les caractères.

Séquestrer le prisonnier, ce n'est pas l'améliorer ; c'est l'empêcher, pour un temps, de nuire à la société, mais ce n'est pas travailler à le rendre meilleur. Pour arriver à ce résultat et donner à la peine un but vraiment moral, les moyens les plus rationnels sont la création des écoles là où elles manquent encore, la visite des prisonniers par des gens de bien, et l'établissement de conférences moralisatrices. Pour cela, il est nécessaire de rompre avec la routine. Supposer que les choses doivent toujours être ce qu'elles ont été, c'est rester stationnaire, lorsque les récidives prouvent qu'il faut aller en avant et modifier un système pénitentiaire défectueux.

II

PATRONAGE DES LIBÉRÉS ADULTES

La première condition de la réforme des prison-
niers est l'emprisonnement cellulaire, avec la plus
grande facilité donnée au détenu de se mettre en
rapport avec les gens de bien. Mais, pour assurer
les bons résultats qui ont pu être obtenus pendant
la durée de la peine, la charité doit accompagner
le détenu hors de la prison. Combien se trouvent
abandonnés, à ce moment, sans direction, à la
merci de toutes les mauvaises influences? Plusieurs
sont condamnés pour vagabondage. Sans travail et
sans ressources, sous le coup de l'art. 269 du Code
pénal, ils ont été punis de quelques mois de pri-
son. Dès leur libération ils retomberont sous le
coup de la loi, car ils seront, comme auparavant,

sans travail et sans ressources pour attendre le jour où ils pourraient mettre la main à l'œuvre.

Rien n'est triste à voir comme la mise en liberté d'un grand nombre de détenus. Ceux qui en sont témoins ne manquent pas de dire : « En voilà qui ne tarderont pas à rentrer! » On entend souvent répéter à ces malheureux libérés : « Nous n'avons pas un sou vaillant, qui nous permette d'attendre l'offre du travail. »

En 1870, la moyenne du produit du travail des détenus, à la prison de la Santé, était de six francs par mois. Mais il y en a qui ne gagnent rien, soit que la maladie les retienne à l'infirmerie, soit que l'ouvrage manque, soit qu'il y ait inaptitude à un travail lucratif, à défaut de temps pour faire un apprentissage. Voilà donc des détenus qui, si nulle personne charitable ne vient leur tendre la main, se trouveront en liberté, sans savoir comment ils pourront se procurer la nourriture de la journée. De plus, ils sont souvent presque sans vêtements et sans chaussures, malgré les efforts de l'administration des prisons à soulager les plus grandes misères. Dans de telles conditions, comment trouveront-ils du travail? Comment feront-ils pour vivre jusqu'à ce qu'ils aient reçu un salaire, quelque modique qu'il soit? C'est là une cause constante de récidive.

Jusqu'ici la charité publique s'est peu exercée

envers les prisonniers. On a discuté sur les réformes à introduire dans le régime pénitentiaire, mais on n'a pas encore mis résolûment la main à l'œuvre. Rien ne serait plus à désirer que l'initiative vînt des particuliers. Ceux qui auraient vu de près les prisonniers seraient d'excellents juges de l'étendue de la tâche à remplir et des moyens à employer. Tout n'est pas à innover en cette matière, mais il faut centupler les efforts déjà faits.

Il existe depuis longtemps une association charitable composée d'hommes éminents de la magistrature et du barreau, dont la fondation remonte à un don de Lamoignon. A son origine, elle avait pour but le soulagement et la délivrance des prisonniers pour dettes. Depuis la nouvelle loi du 22 juillet 1867, relative à la contrainte par corps, qui la supprime en matière commerciale, civile et contre les étrangers, cette association d'hommes de bien a étendu ses bienfaits à tous les prisonniers. Elle s'efforce même de secourir les familles nécessiteuses des détenus. Les ressources qu'elle met à la disposition des aumôniers rendent leur ministère plus facile. Mais elles ne peuvent, à elles seules, répondre aux besoins les plus pressants des détenus. Aussi il serait désirable que les sociétés, fondées pour le secours des prisonniers, prissent une très-grande extension. Alors seulement, elles pourraient disposer de ressources en rapport avec les besoins les plus urgents des détenus libérés. Les prisons de la Santé, de Sainte-Pélagie, de Mazas, de la Conciergerie sont d'immenses foyers de misères à soulager.

Tout en laissant à la charité privée l'initiative des patronages en faveur des libérés adultes, l'État concourrait utilement à cette œuvre sociale en encourageant et en facilitant son fonctionnement, soit par la création d'asiles dans les colonies, soit par l'établissement d'ouvroirs où se rendraient les dames patronesses qui consacreraient une partie de leur temps à la confection et à la distribution de vêtements, soit par l'offre d'un lieu de réunion où les associés prendraient, en commun, les mesures opportunes, soit par la communication de renseignements sur les détenus par l'intermédiaire des directeurs de prison. L'État n'aurait pas à introduire, dans les patronages, des fonctionnaires salariés. Les membres qui les composeraient ne s'inspireraient que de leur charité.

Les ressources de ces patronages viendraient des souscriptions annuelles de leurs membres, des quêtes, et de dons et legs, s'ils étaient reconnus comme établissements d'utilité publique. Le trésorier serait choisi parmi les membres du patronage, et les résolutions relatives à l'emploi des fonds seraient prises en assemblée générale.

Les secours à accorder prendraient des formes

très-diverses, selon les besoins des détenus. Aux uns il ne faut que des vêtements convenables pour trouver immédiatement un emploi. D'autres, avec un secours de route, rejoindraient leurs familles et échapperaient aux dangers de Paris. Il en est qui ne savent jamais se tirer d'affaire si on ne leur met l'ouvrage à la main. On aviserait à créer pour eux des asiles, surtout dans les colonies. Quelques-uns mèneraient une vie honnête, le reste de leur vie, si on les mettait à même d'exploiter un petit fonds de commerce. Pour les infirmes et les malades, on pourvoirait, jusqu'à leur rétablissement, à leur nourriture et à leur logement.

Mais, dit-on, on prendra le chemin de la prison pour profiter de ces avantages, et ainsi c'est donner une prime au vice. Avec ce raisonnement, on ne ferait rien pour les détenus libérés; et cependant il y a une utilité sociale à leur venir en aide. Si la charité secourt souvent les malheureux, même lorsqu'ils paraissent indignes, c'est qu'elle n'ignore pas que c'est le meilleur moyen de les ramener au bien. D'ailleurs celui qui prendrait le chemin de la prison pour atteindre les secours des détenus libérés, pourrait voir ses tristes calculs déjoués, car le patronage des libérés n'impose d'obligations à l'égard d'aucun détenu. Les libérés ne sont secourus que dans la limite des ressources du patronage et tous renseignements pris sur l'opportunité du bienfait.

La charité ne désespère jamais de ramener une âme au bien ; mais elle sait user de prudence et de discernement. Elle pourrait refuser ses secours au récidiviste qui ne consentirait pas à changer le milieu où il a jusque-là vécu et à aller habiter des asiles créés dans les colonies. Il y a mille moyens divers à employer pour redresser les mauvais penchants, et le but des patronages serait précisément la recherche et l'emploi de ces moyens.

En résumé, la peine de l'emprisonnement n'a pas jusqu'ici servi à améliorer le détenu, parce qu'on a encore trop peu fait pour atteindre ce but. La cellule de jour et de nuit est une condition essentielle de moralisation, mais ce n'est là qu'un préservatif et non un remède. Il faut, en outre, que des gens de bien prennent à cœur de relever des malheureux tombés bien bas, mais portant toujours, en leur âme, l'image de la divinité. Ce travail de réforme, commencé dans la cellule, se poursuivrait après l'expiration de la peine, et, à n'en pas douter, il aboutirait à relever des infortunés jusque-là repoussés de la société.

Typographie Lahure, rue de Fleurus, 9, à Paris.

PARIS. — TYPOGRAPHIE LAHURE

Rue de Fleurus, 9